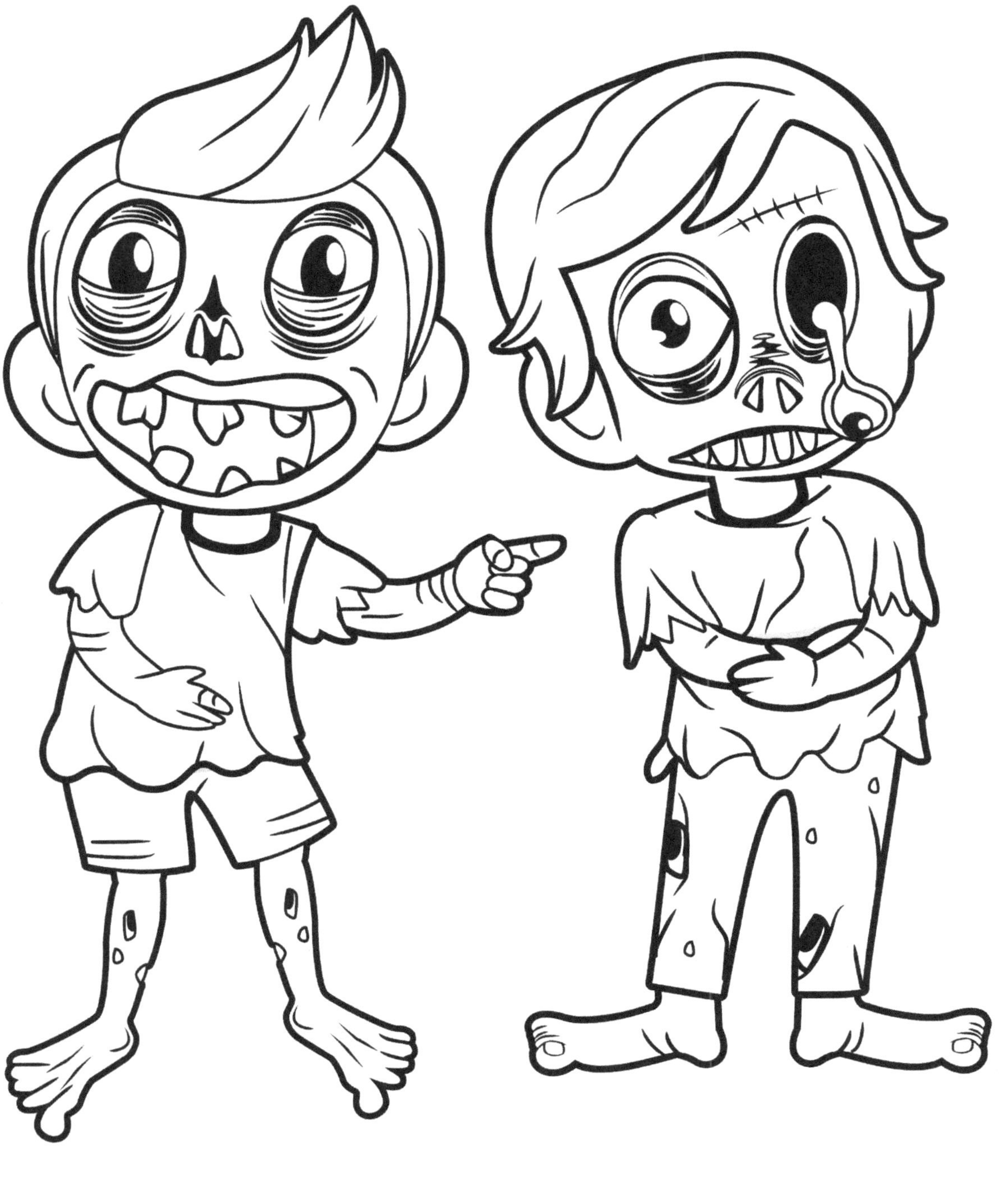

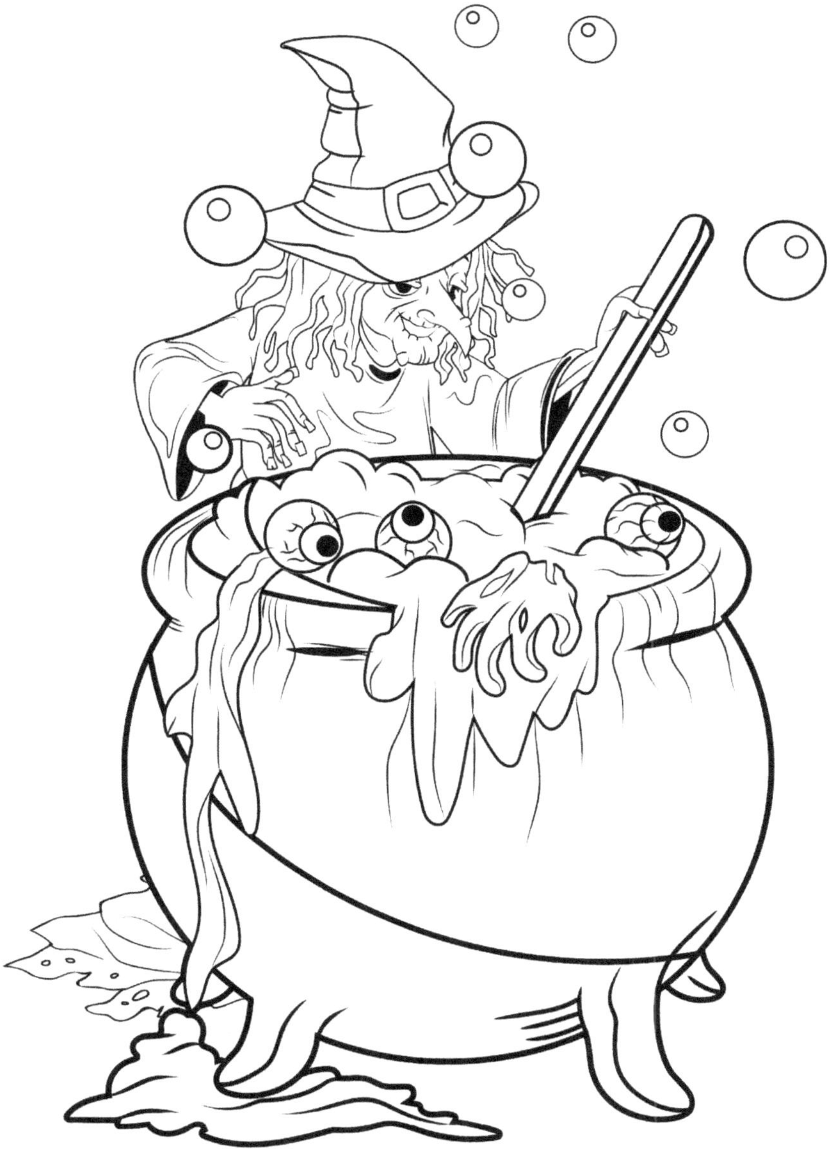

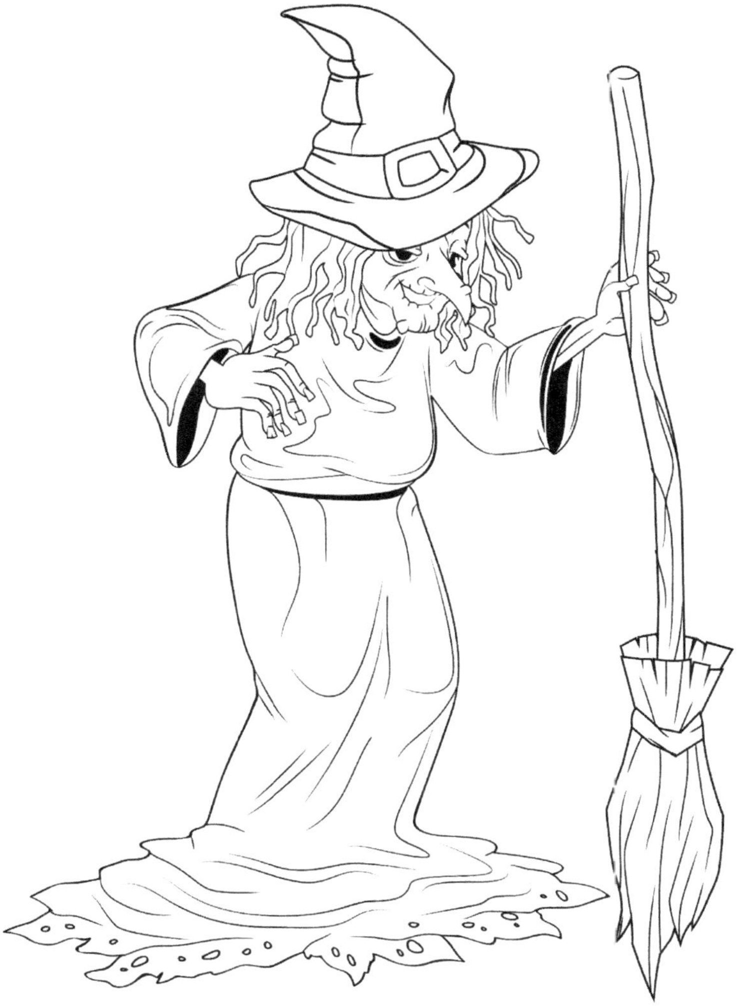

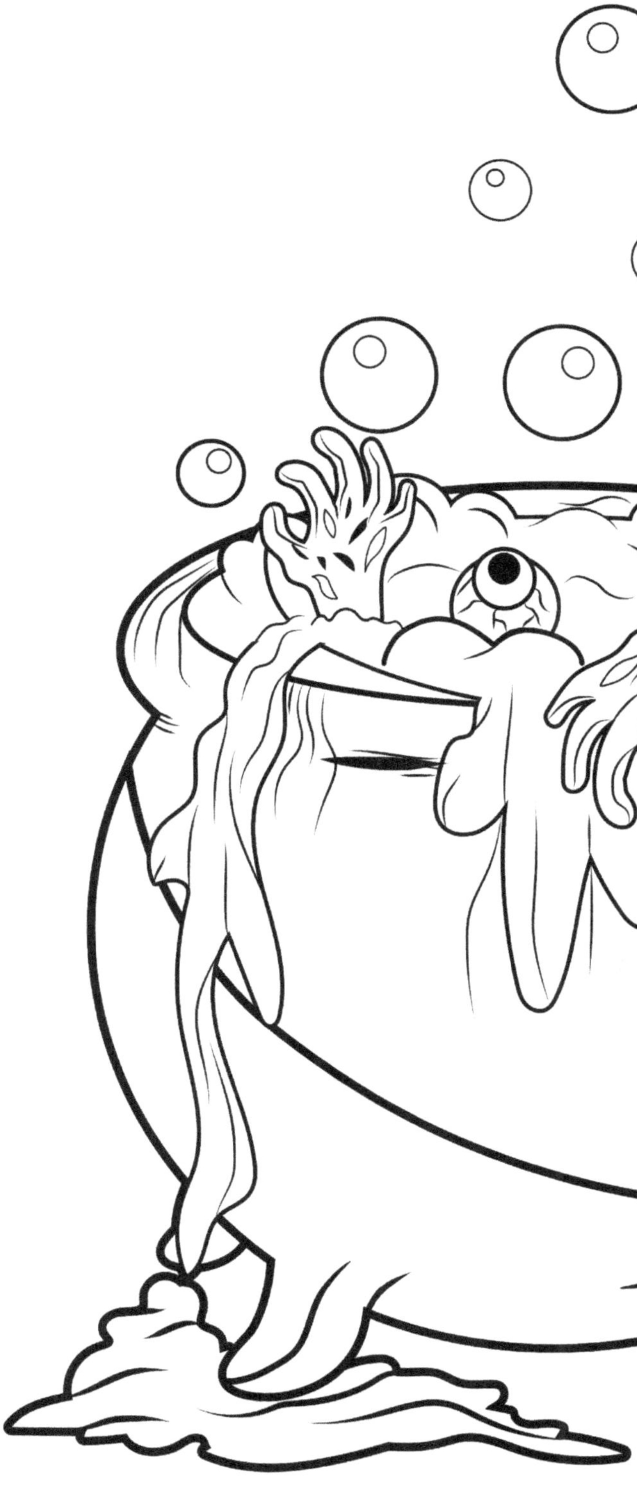

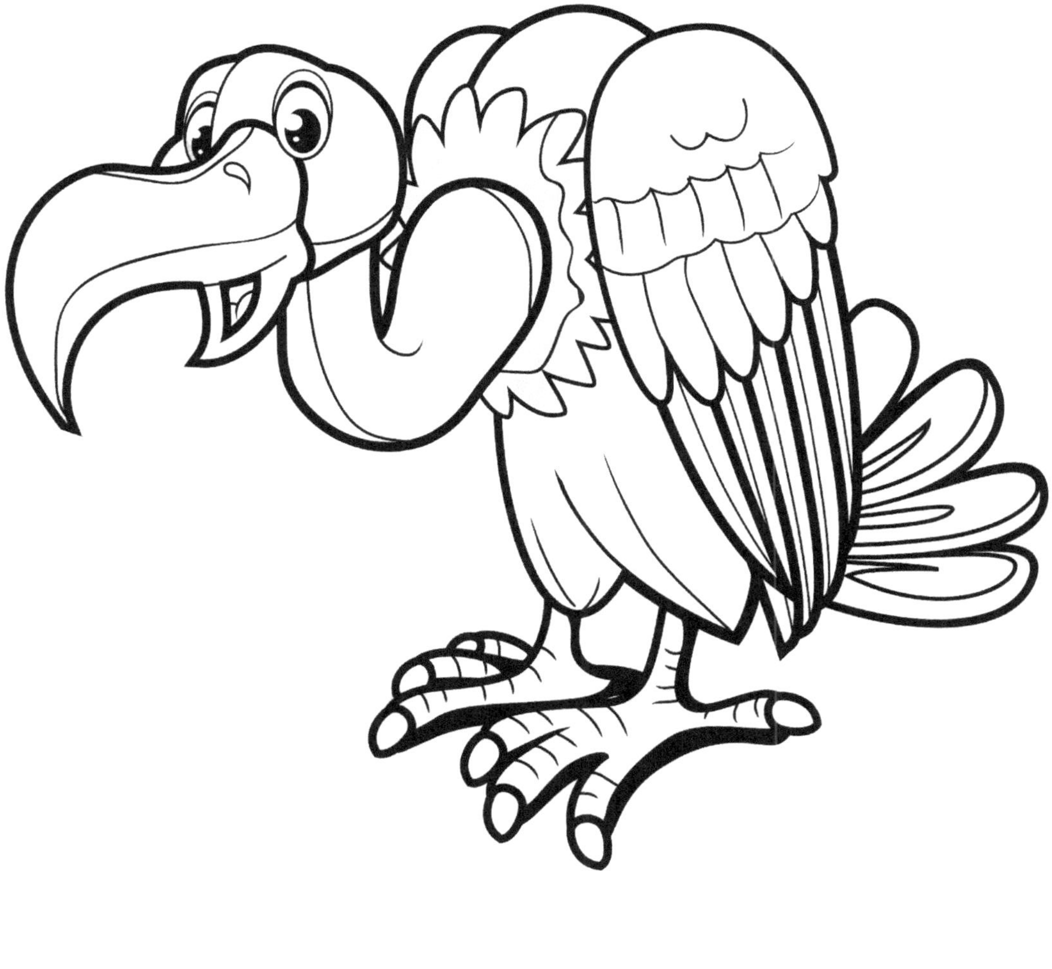

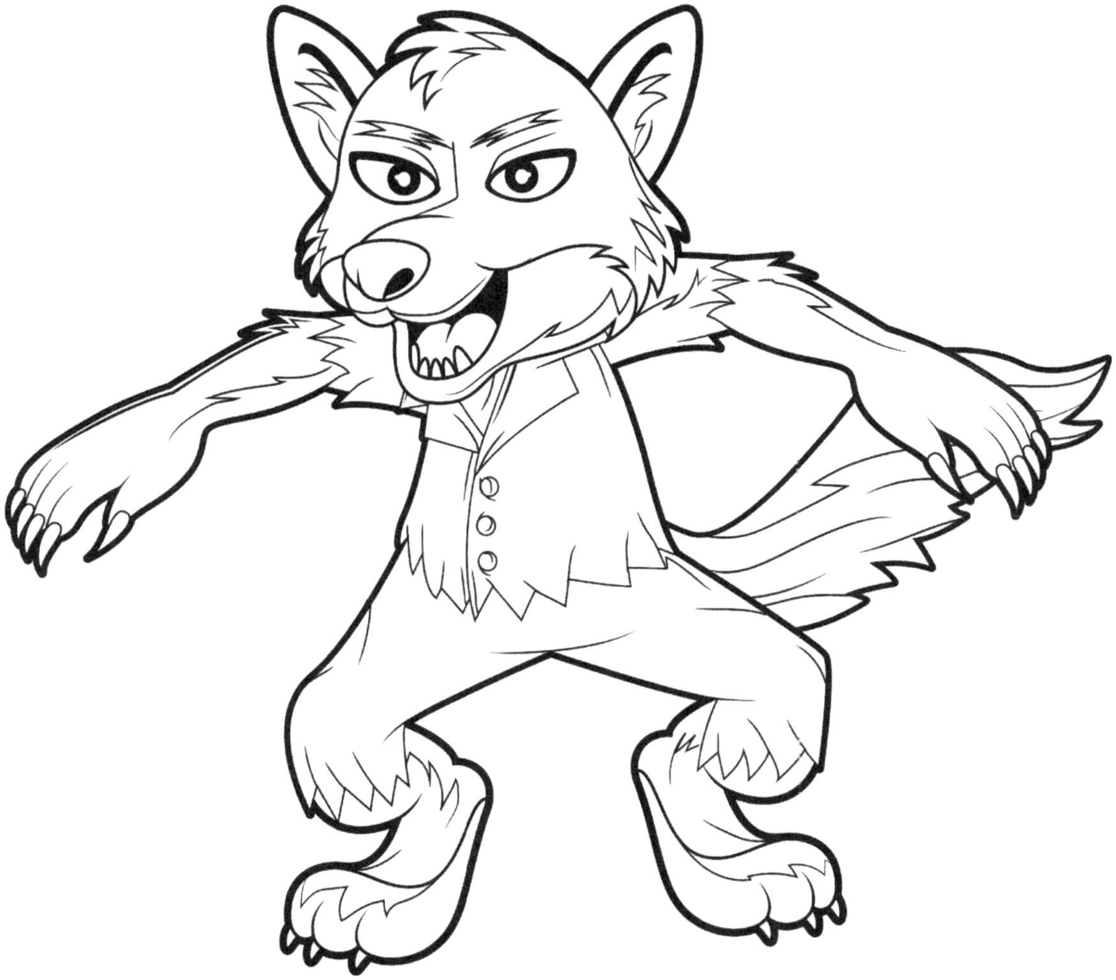

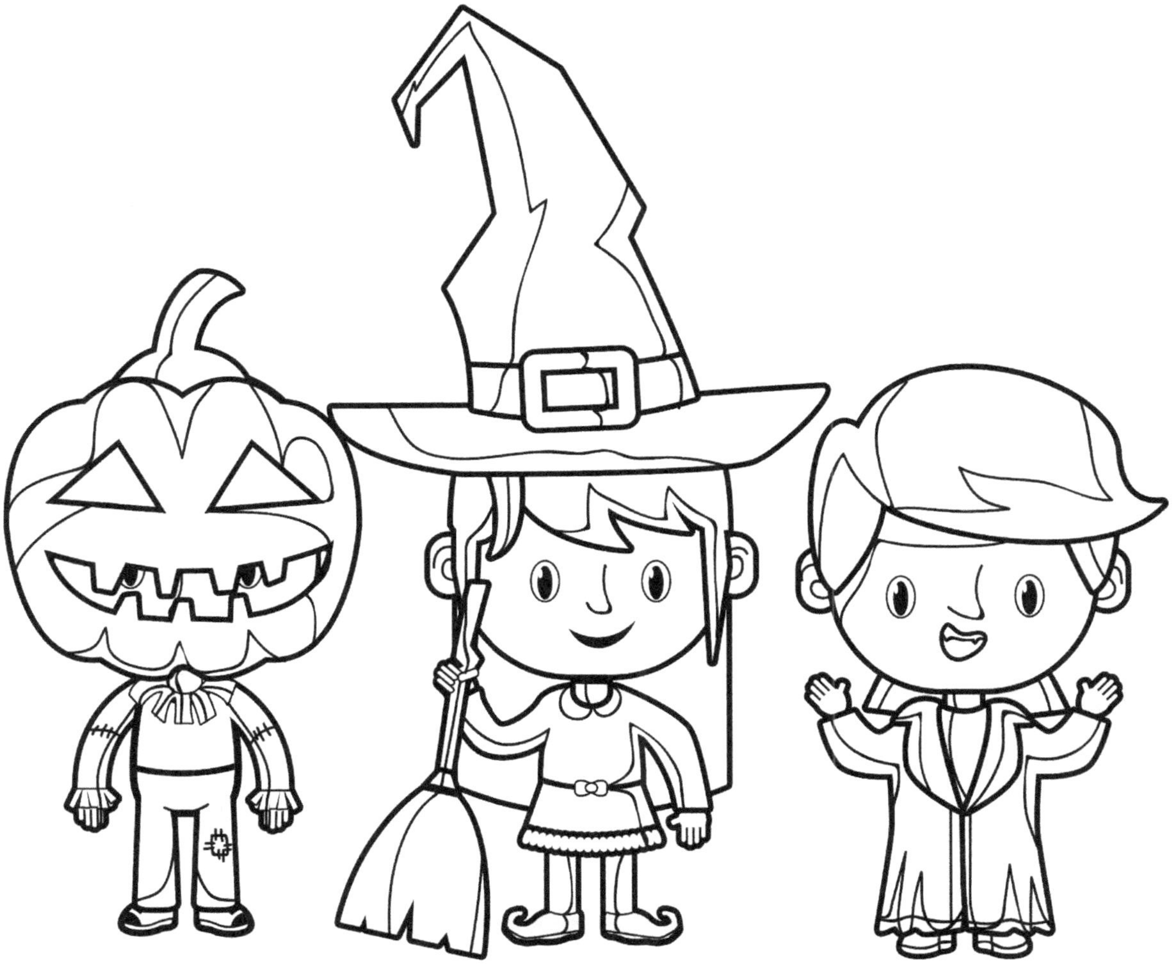

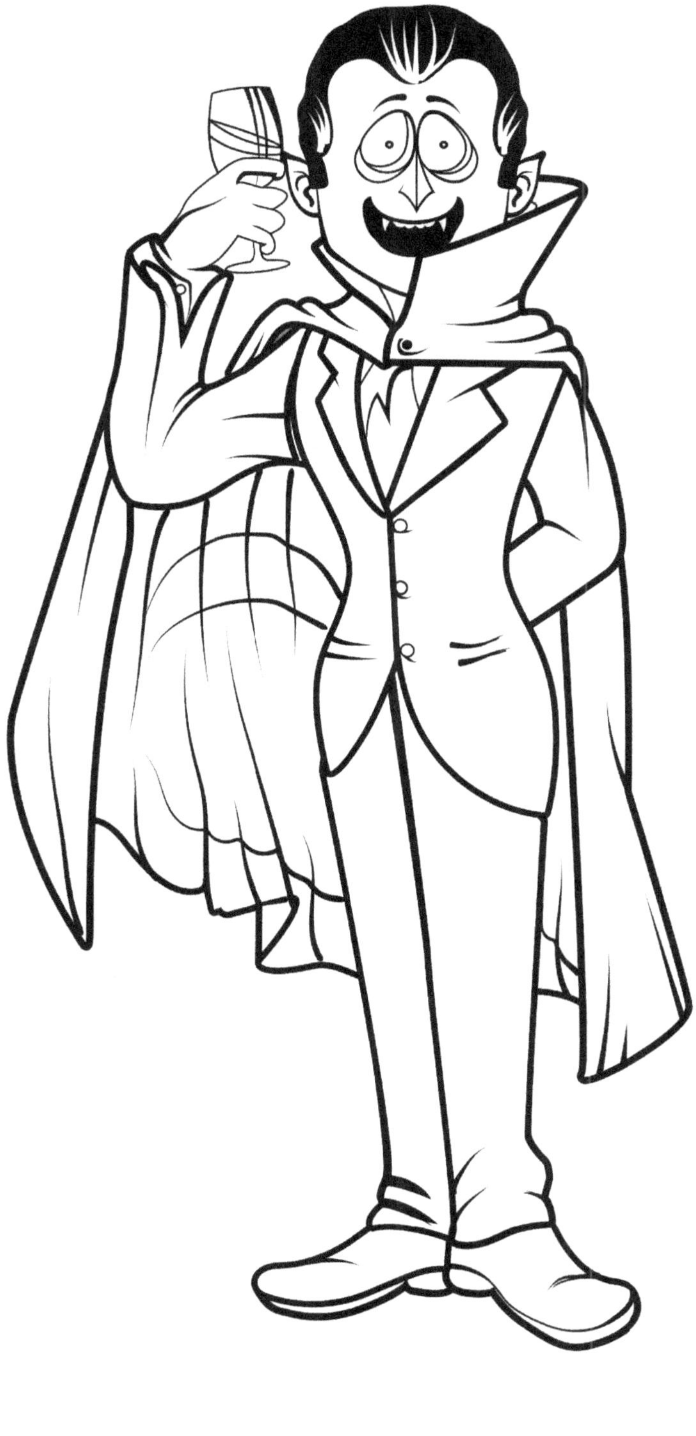

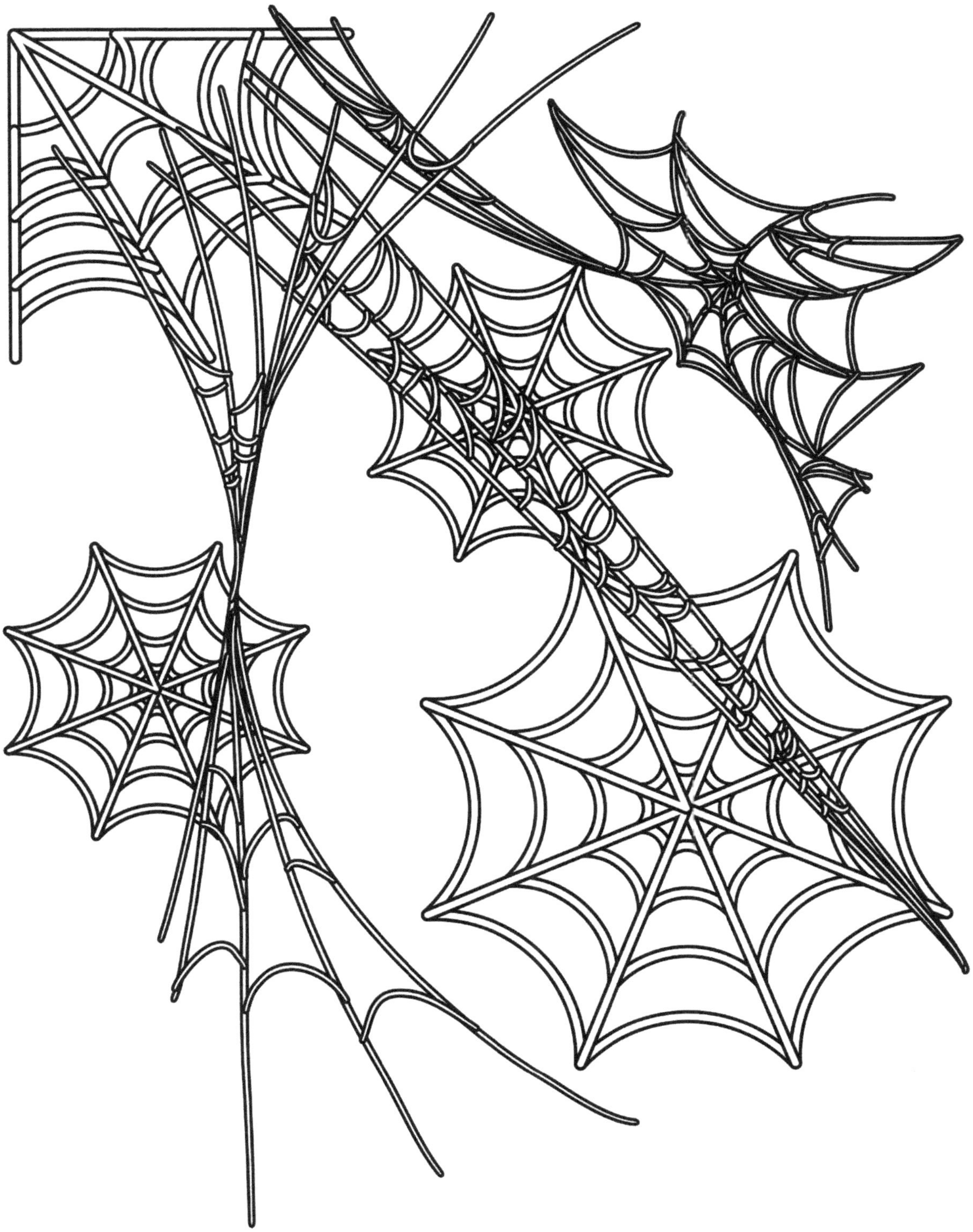

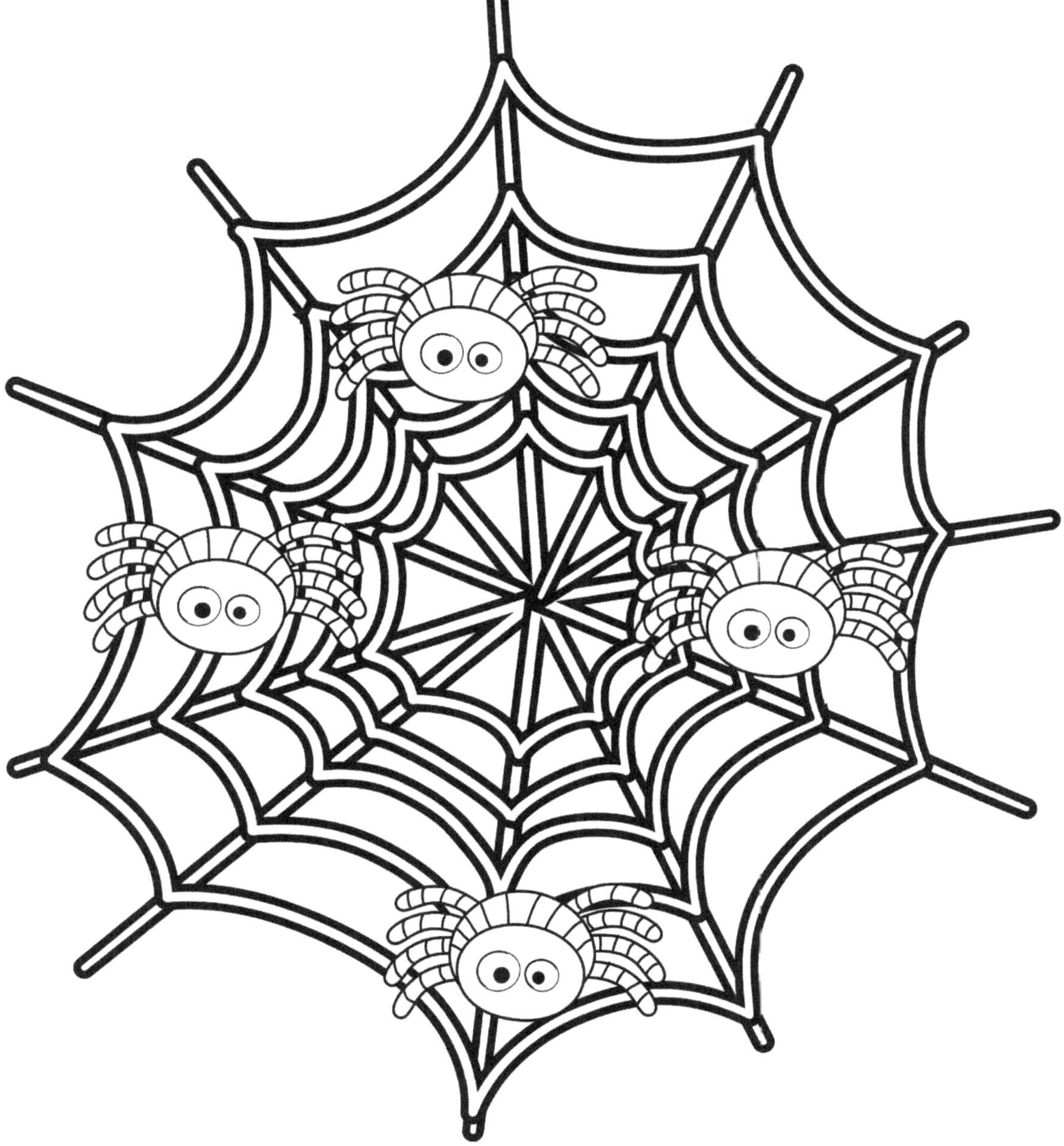

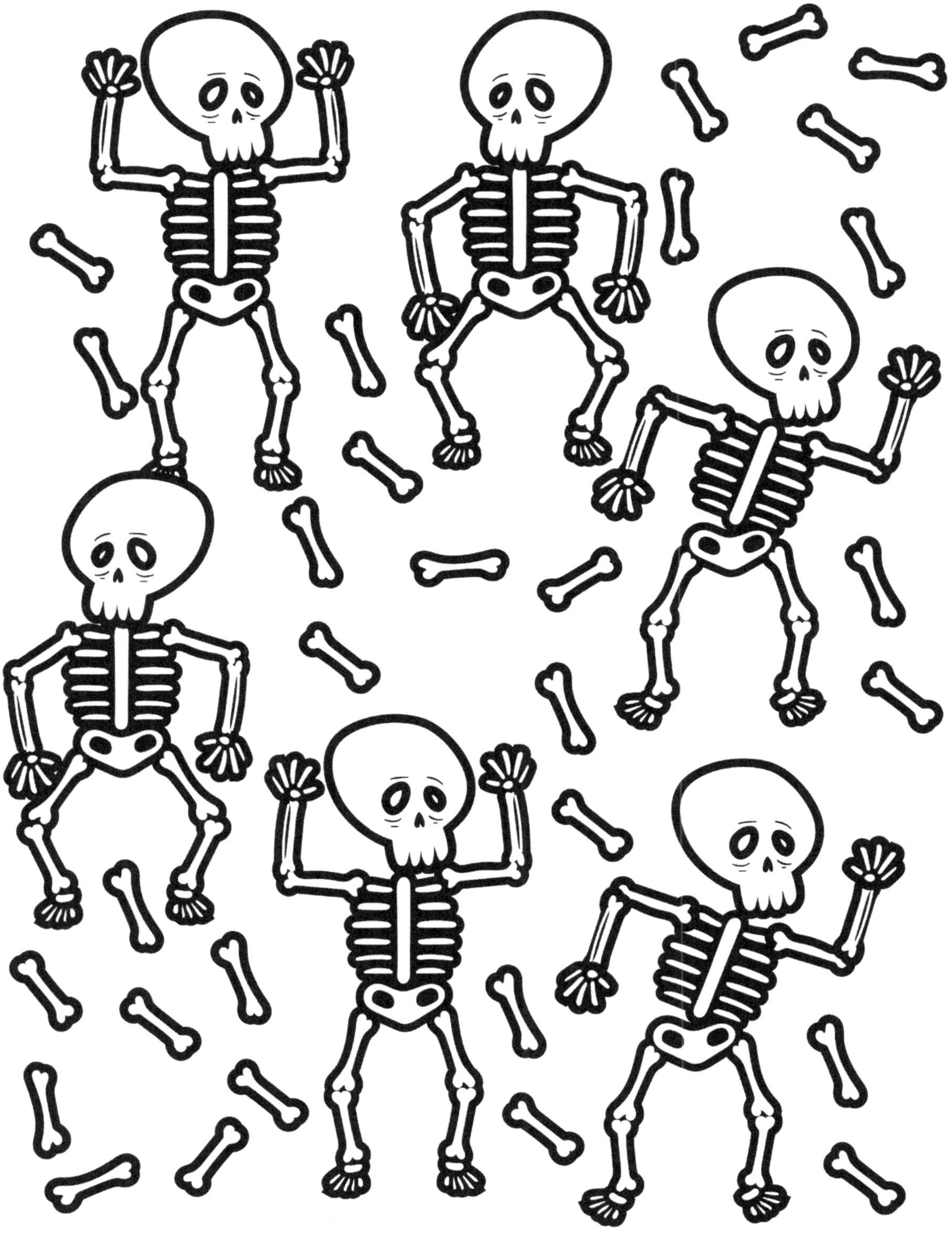

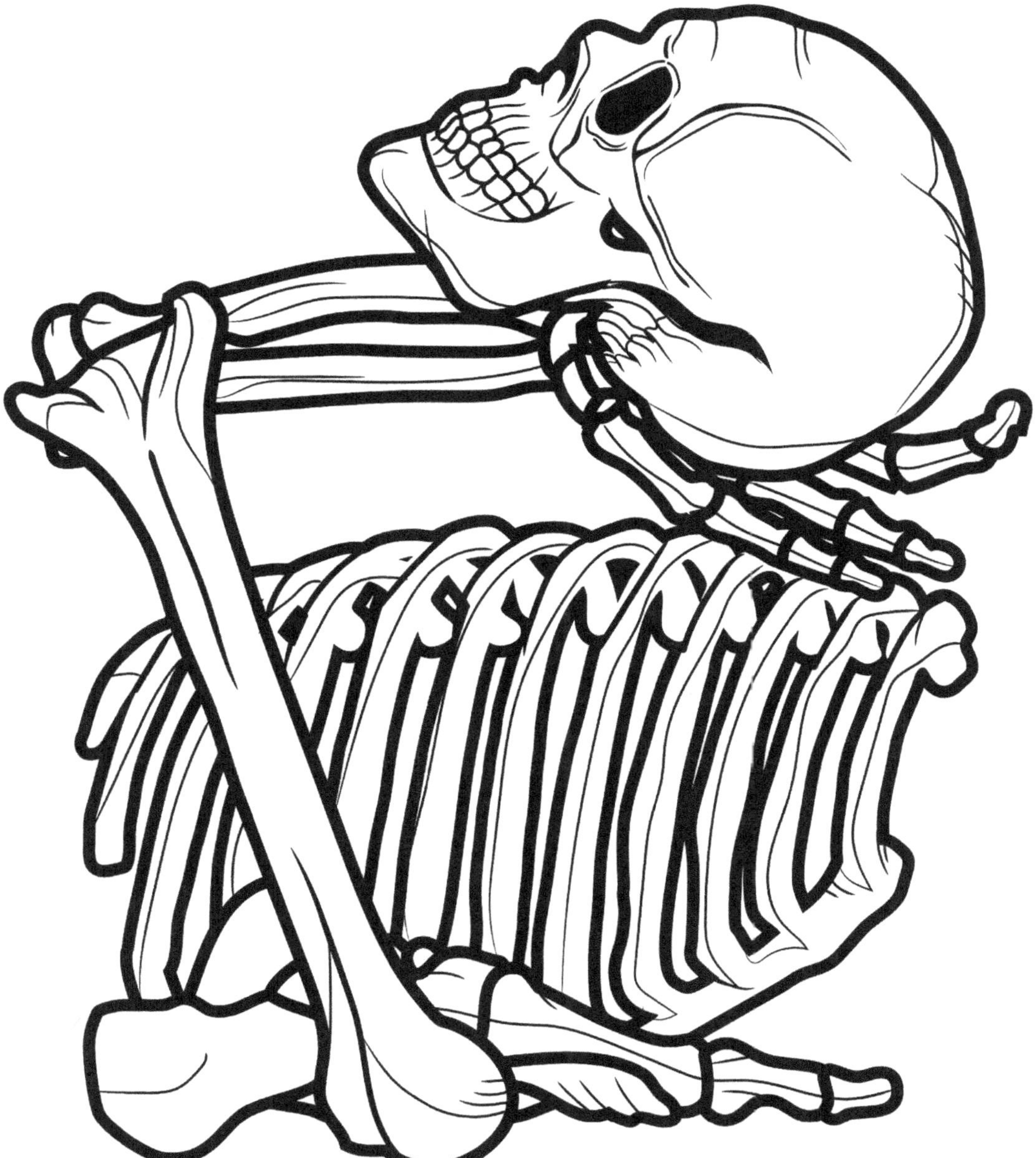

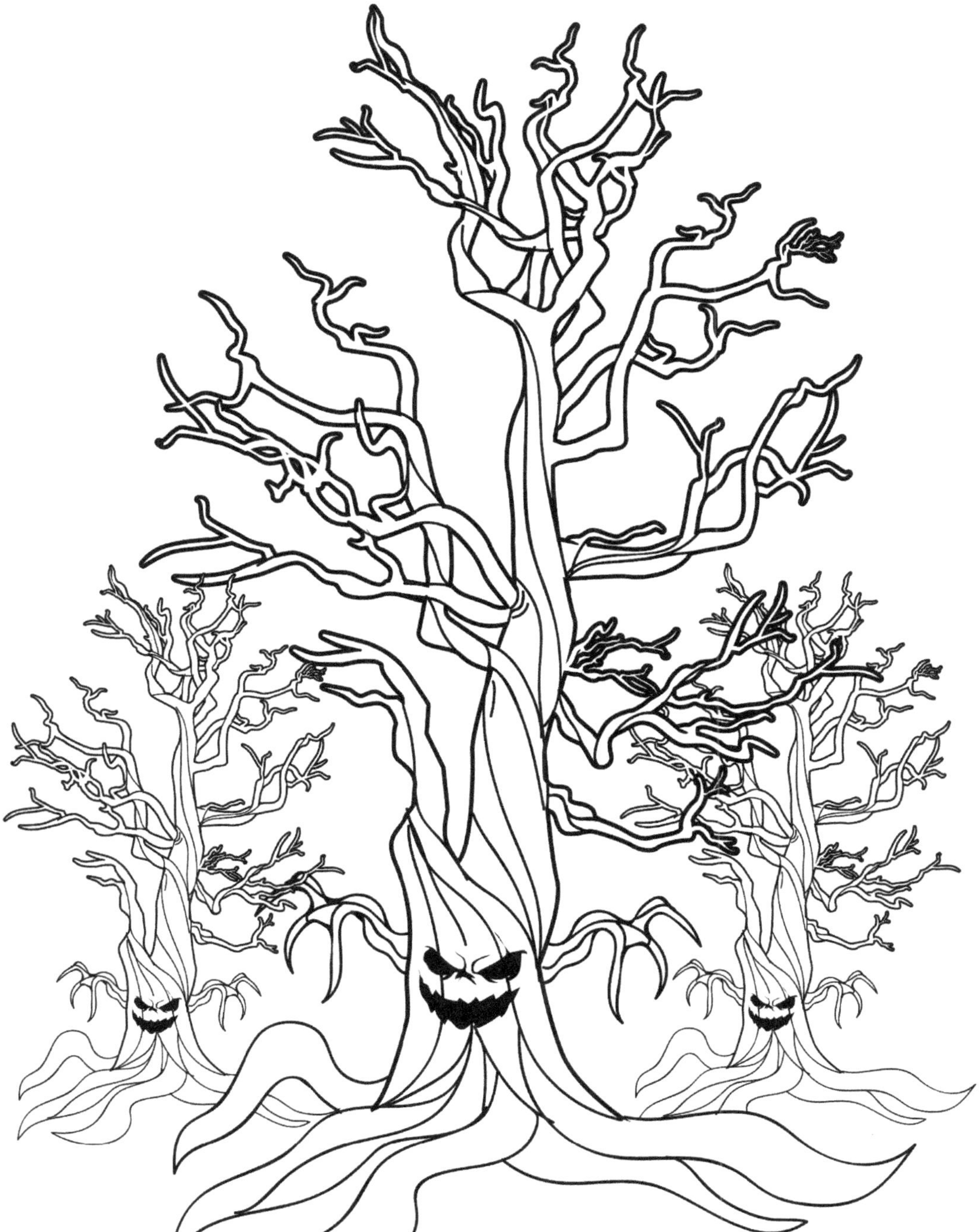

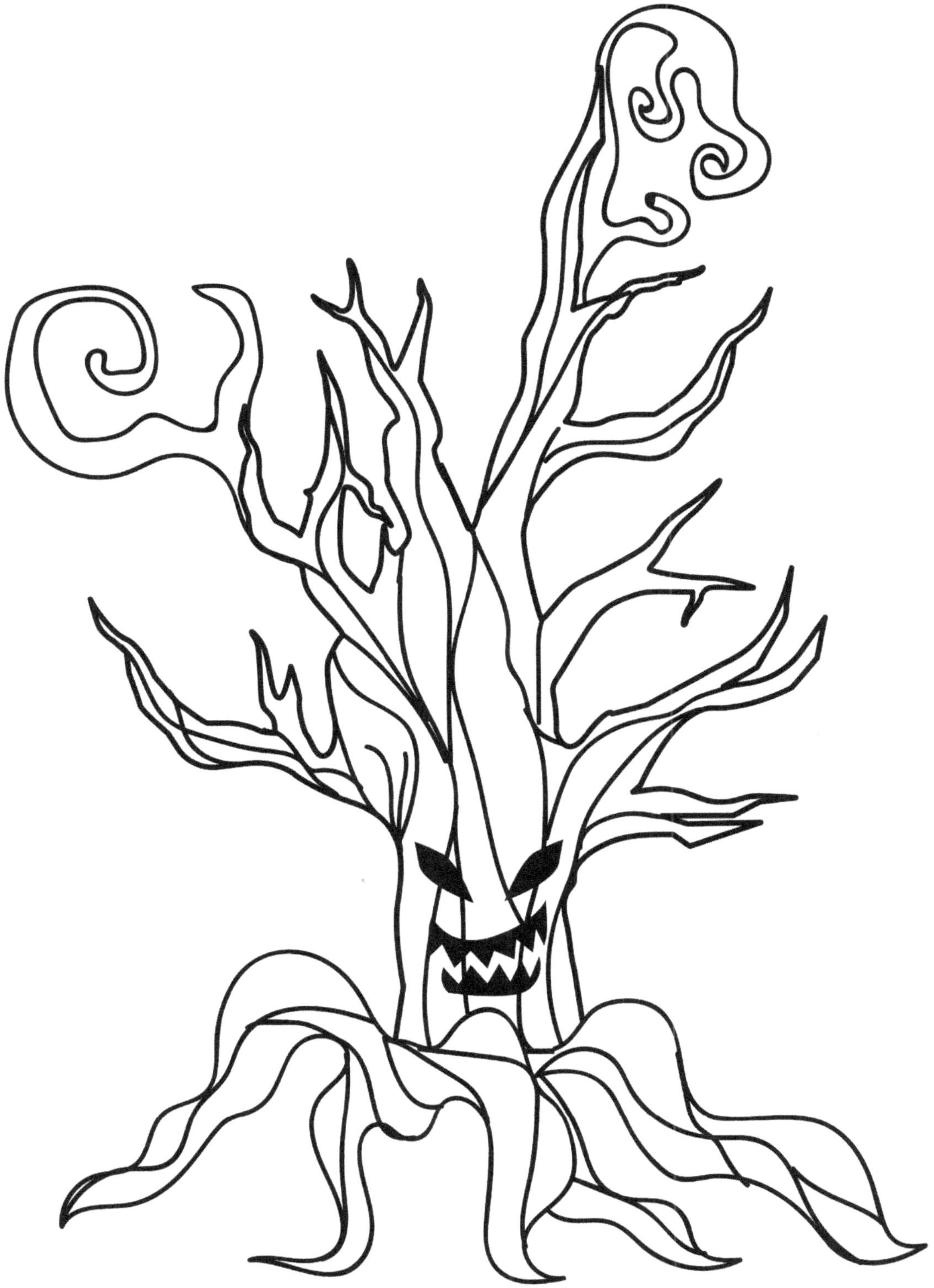

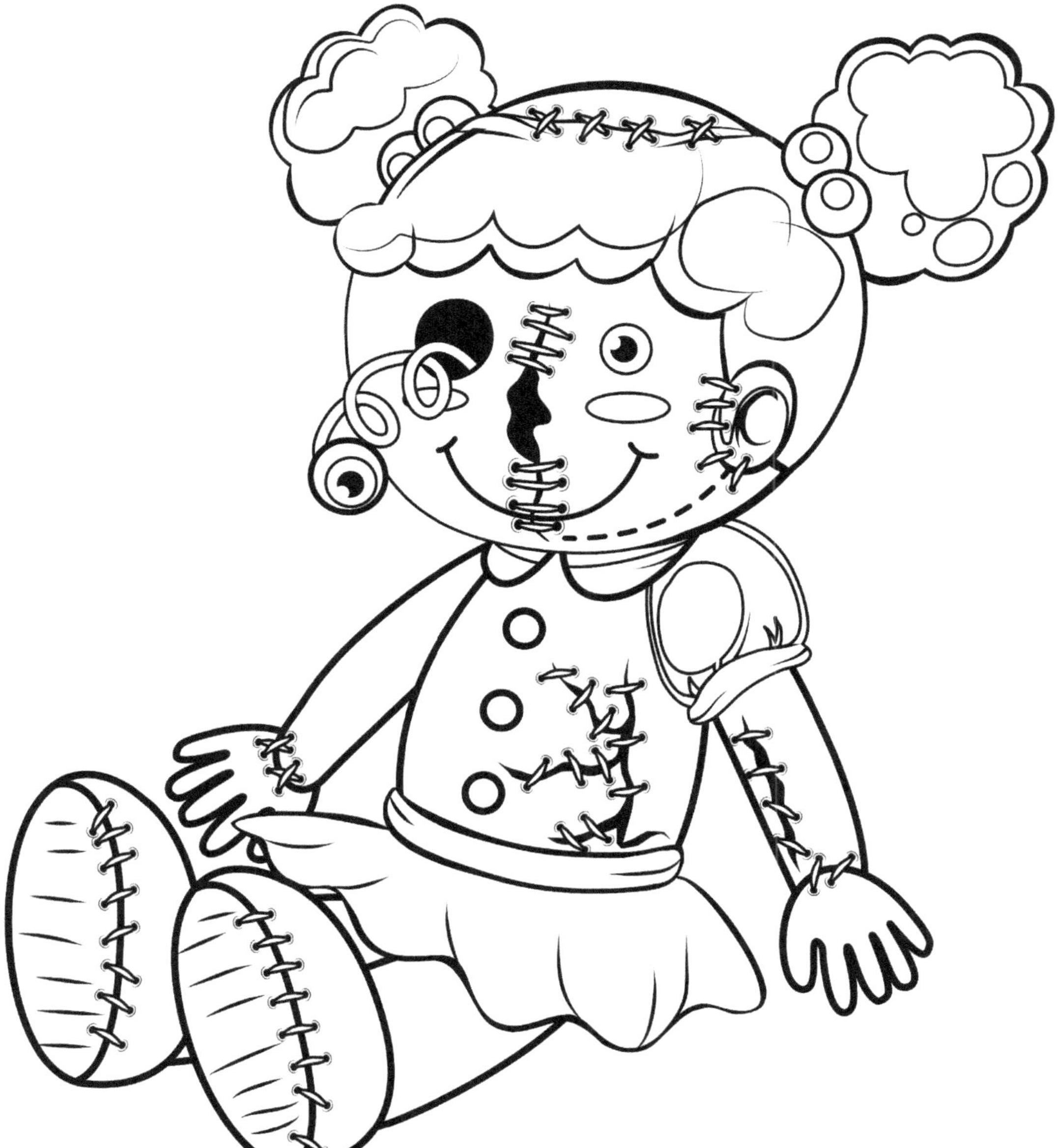

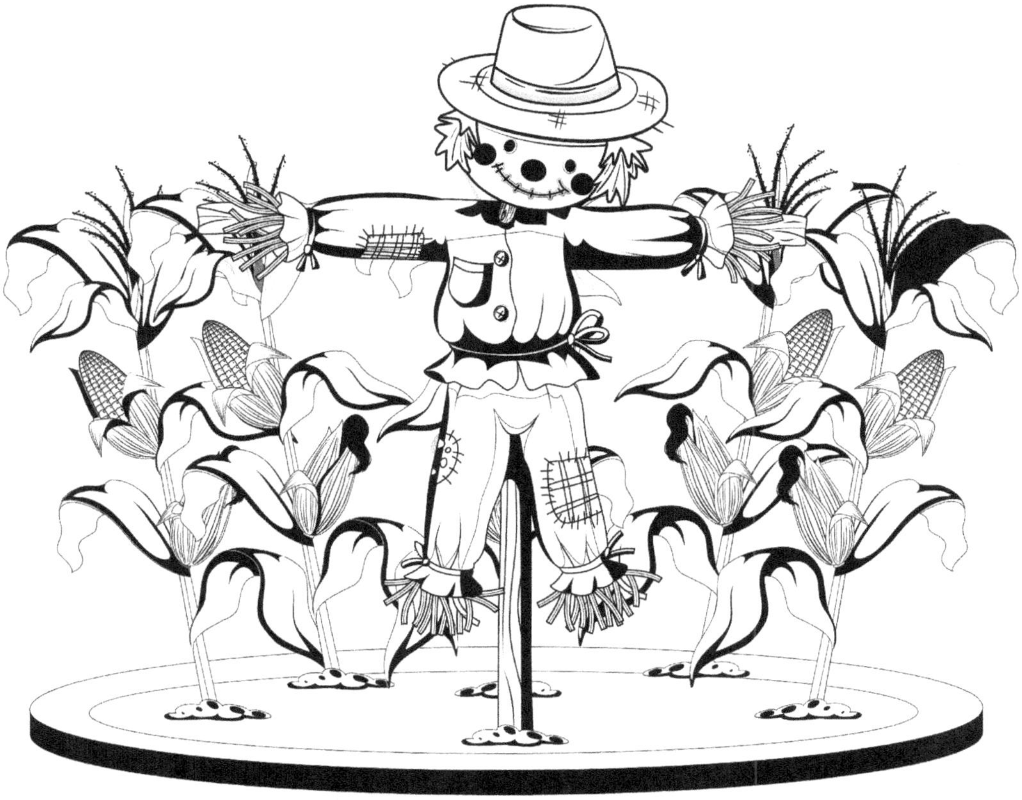

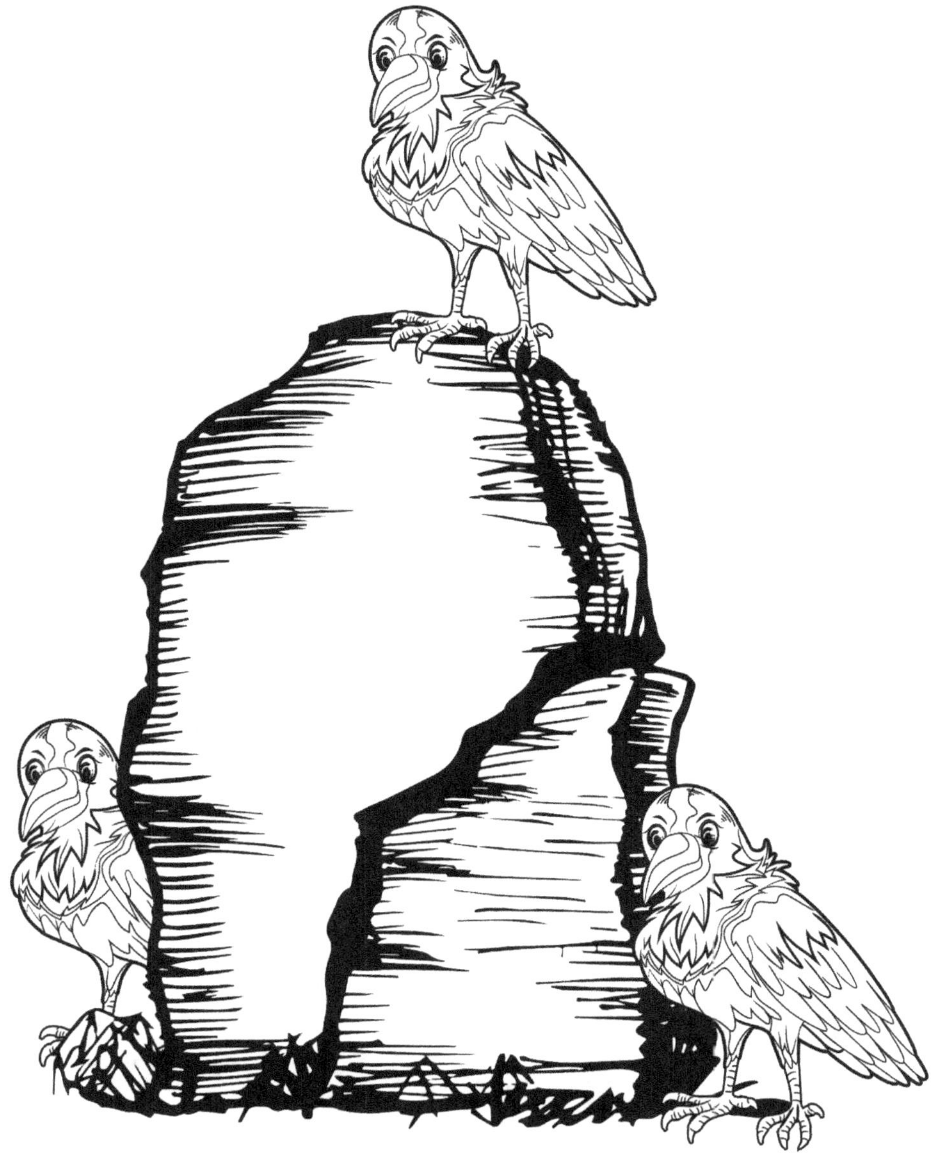

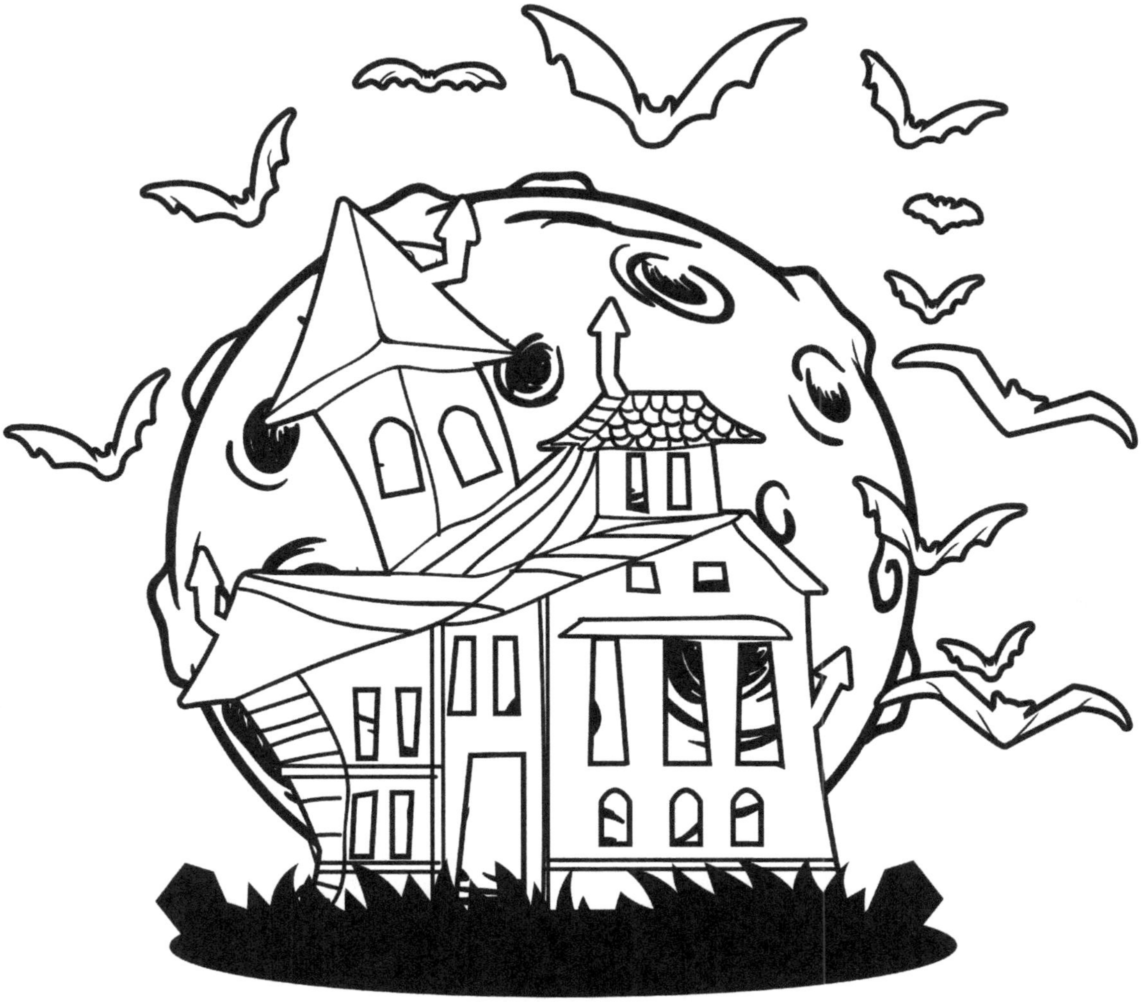

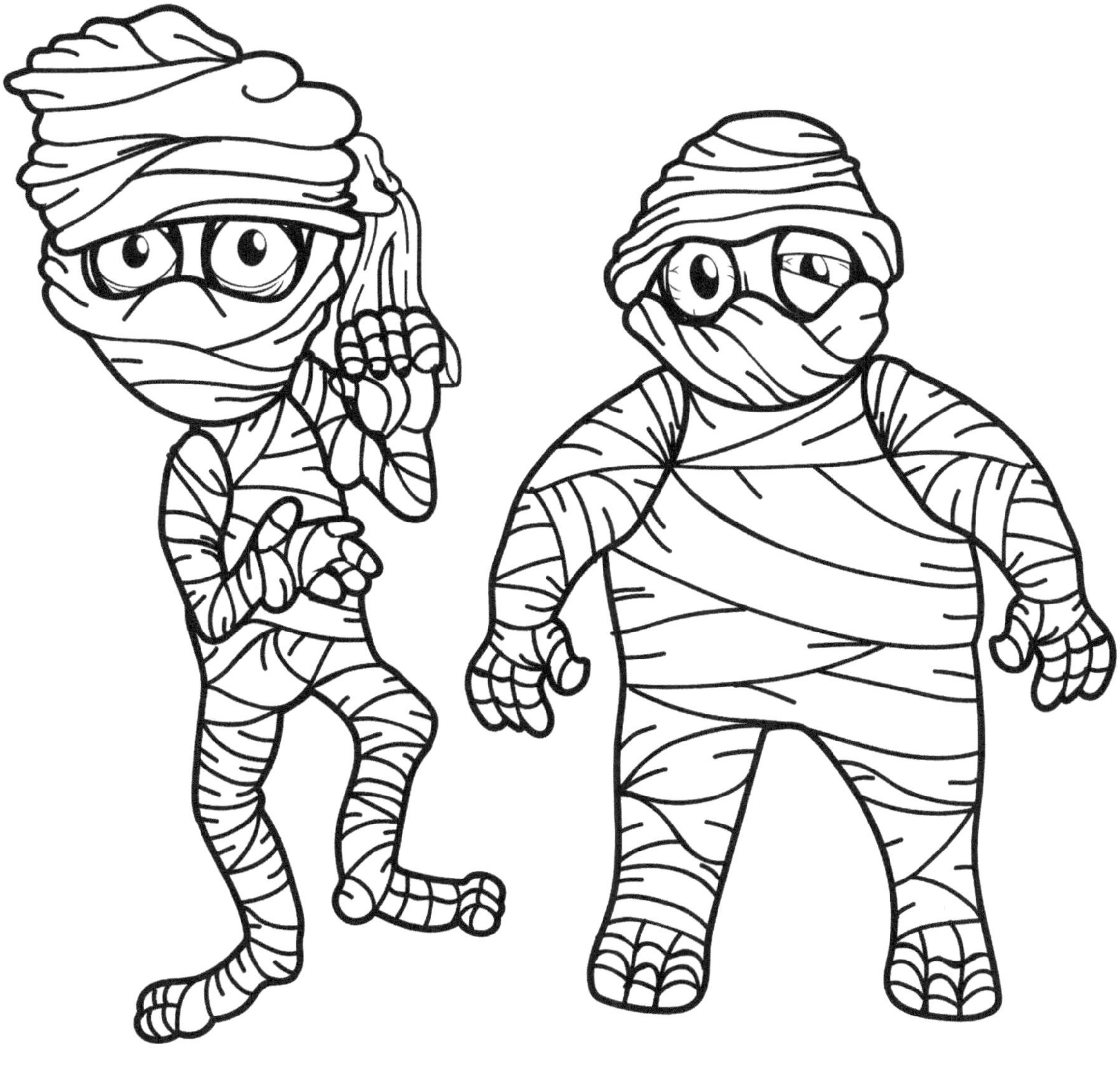

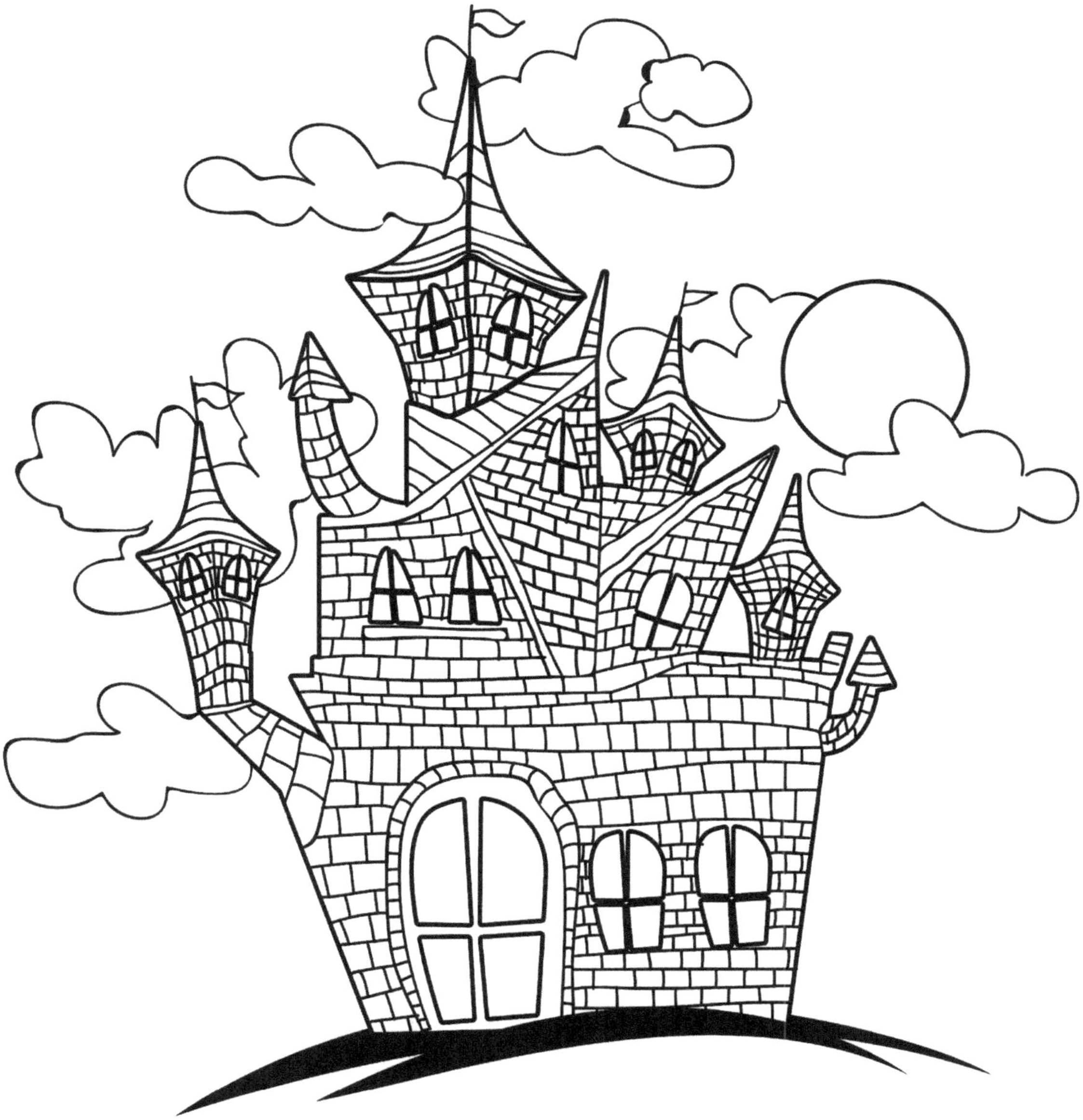

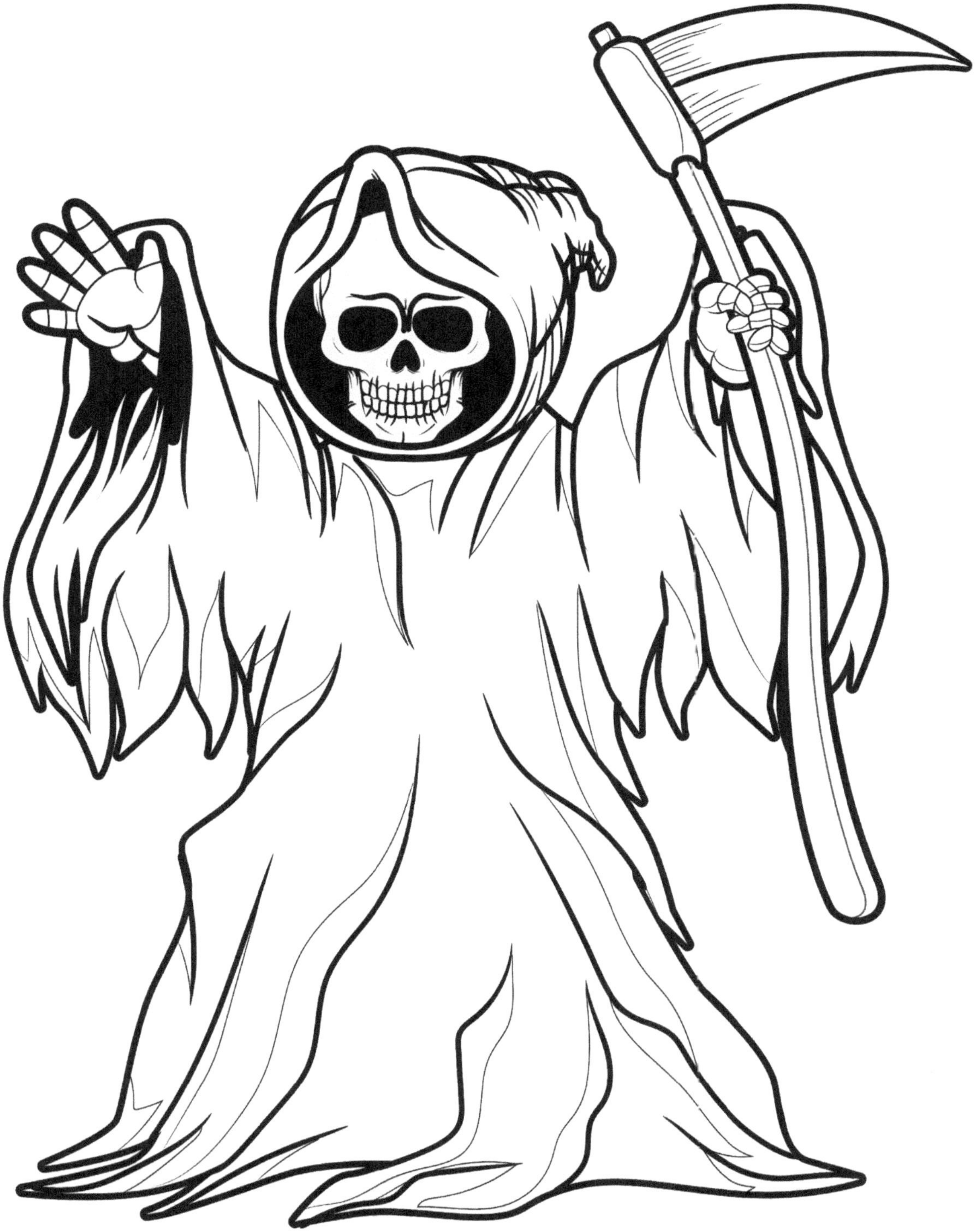

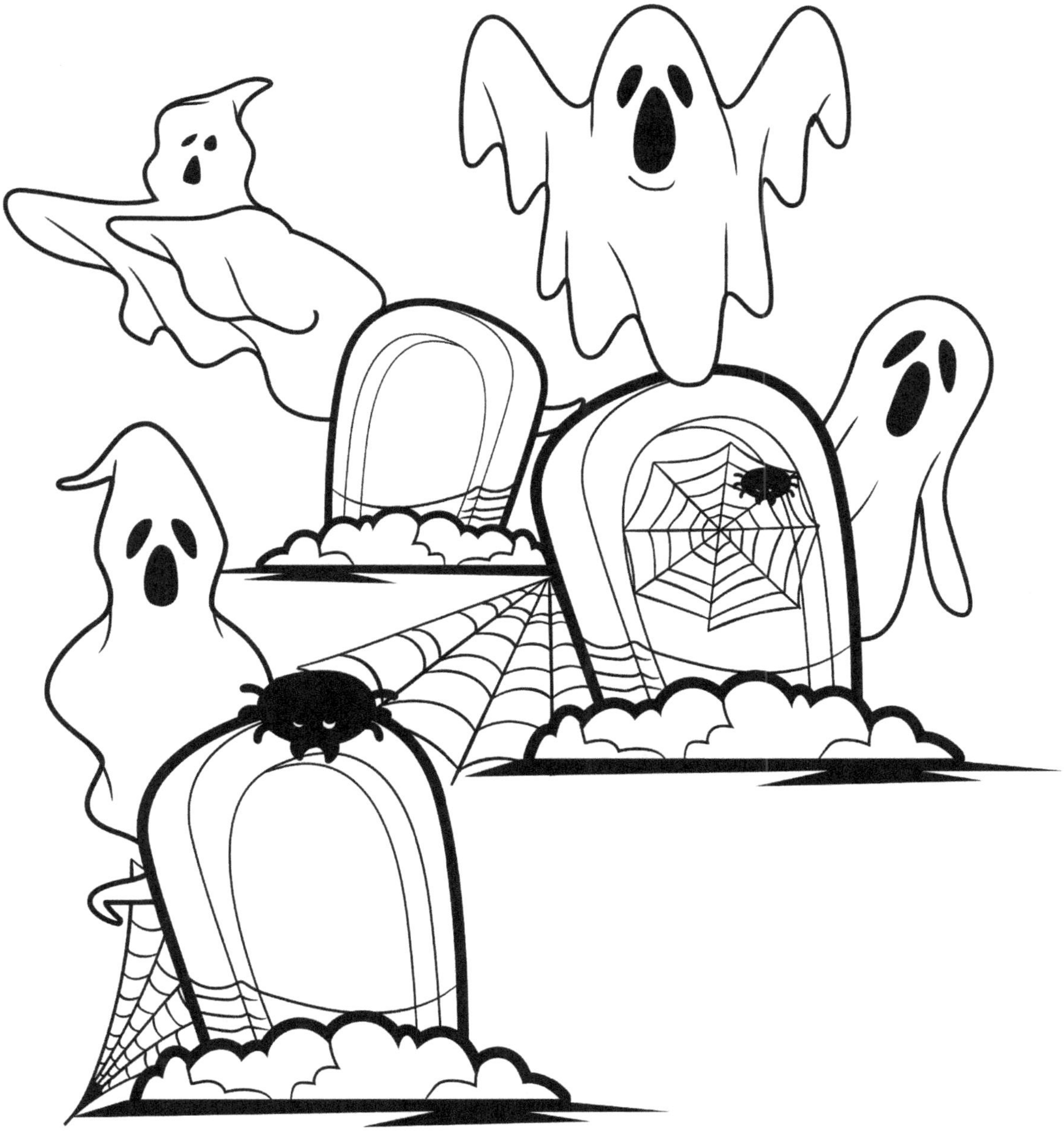

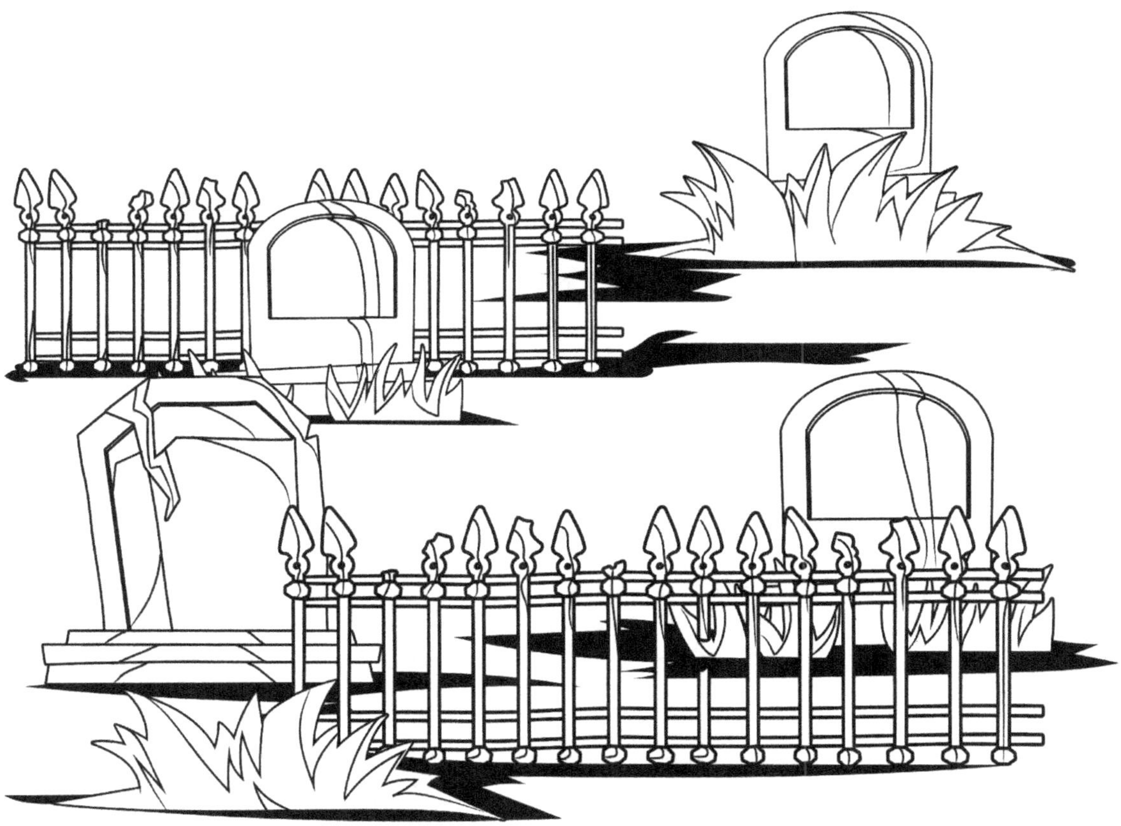

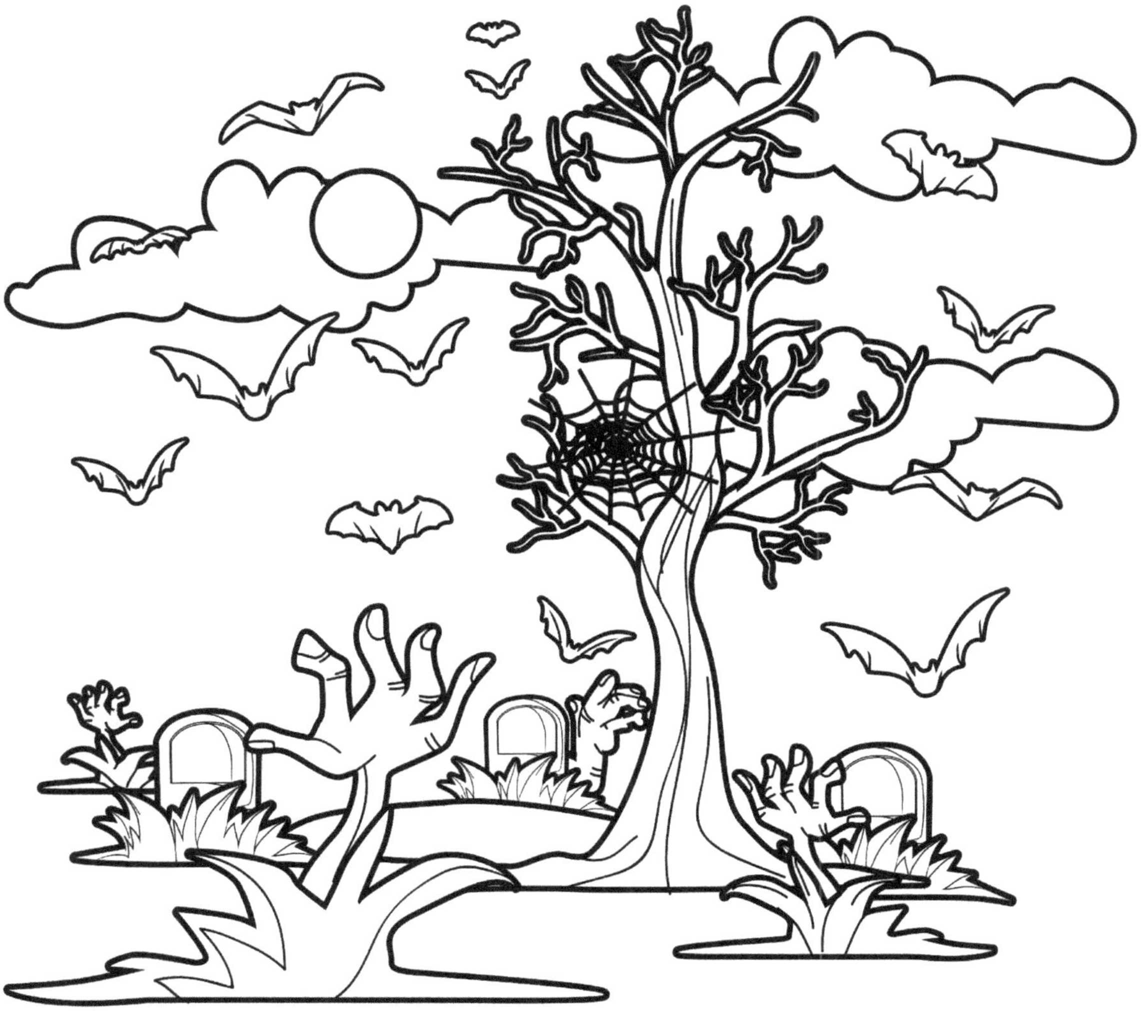

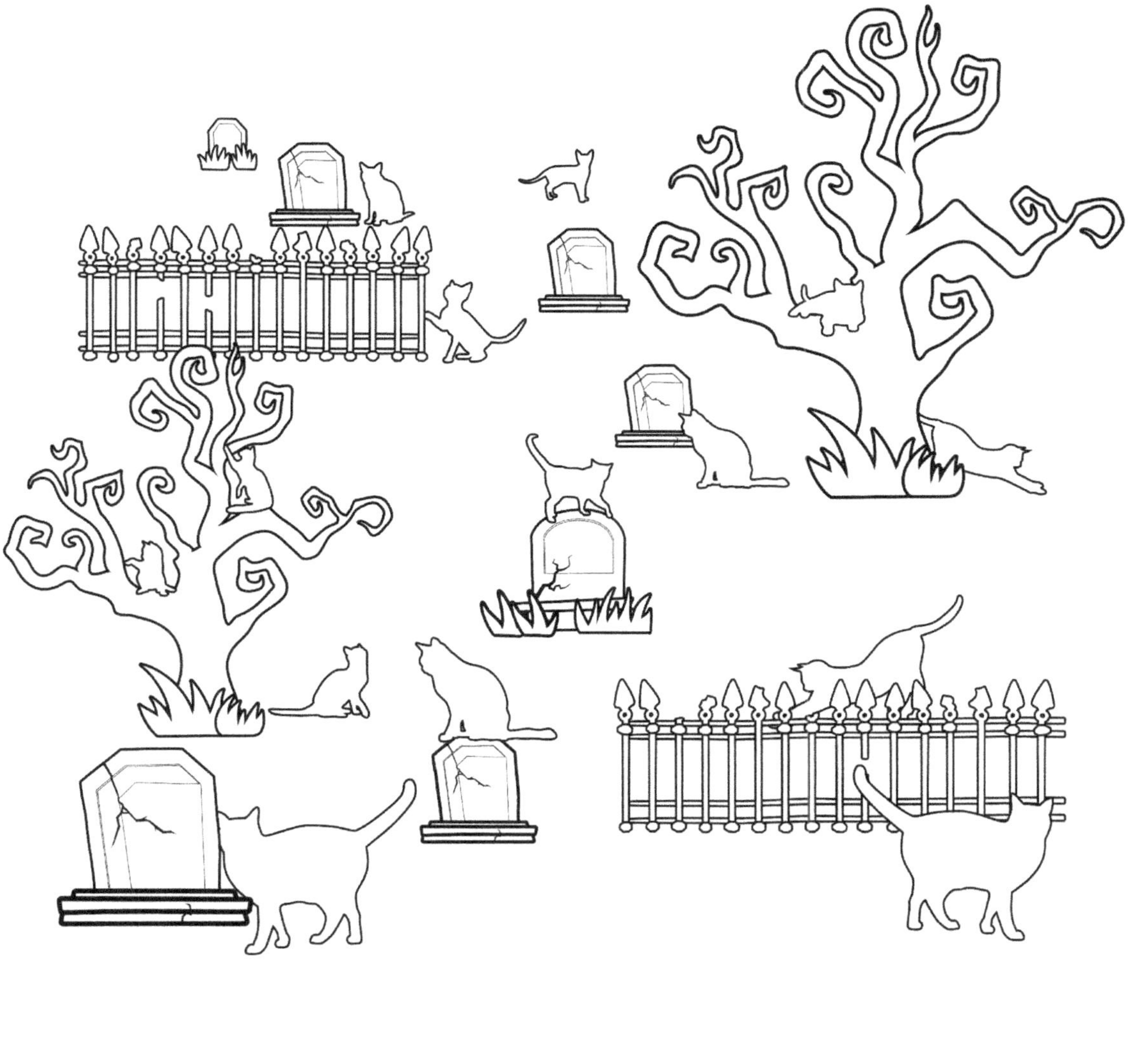

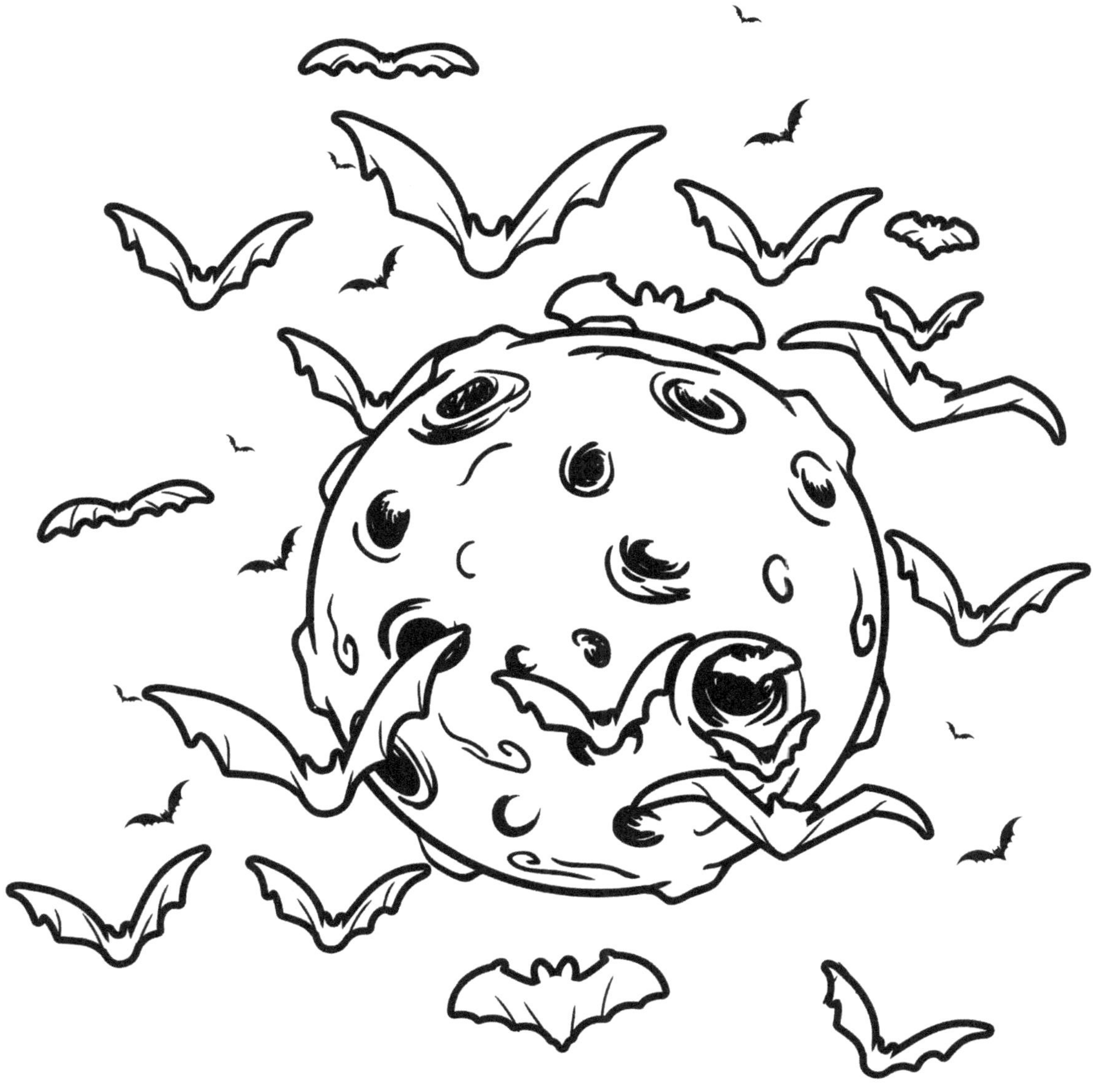

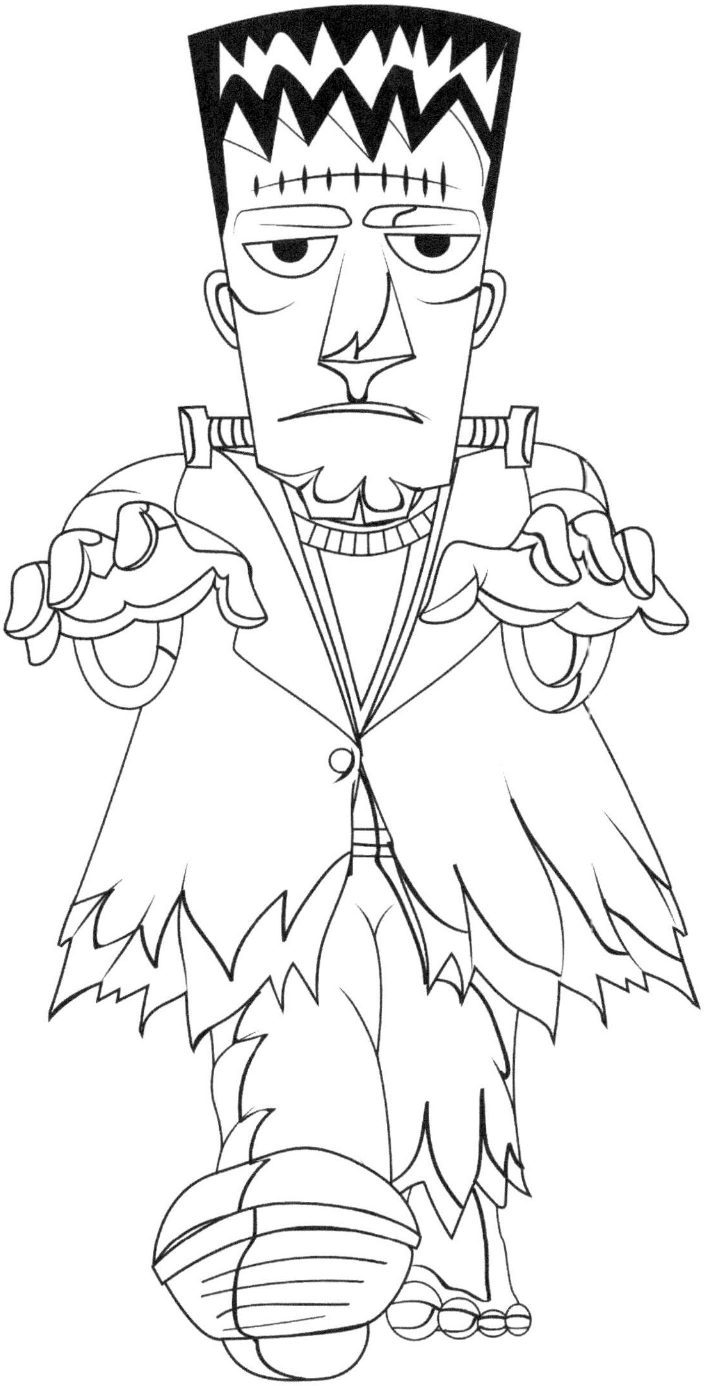

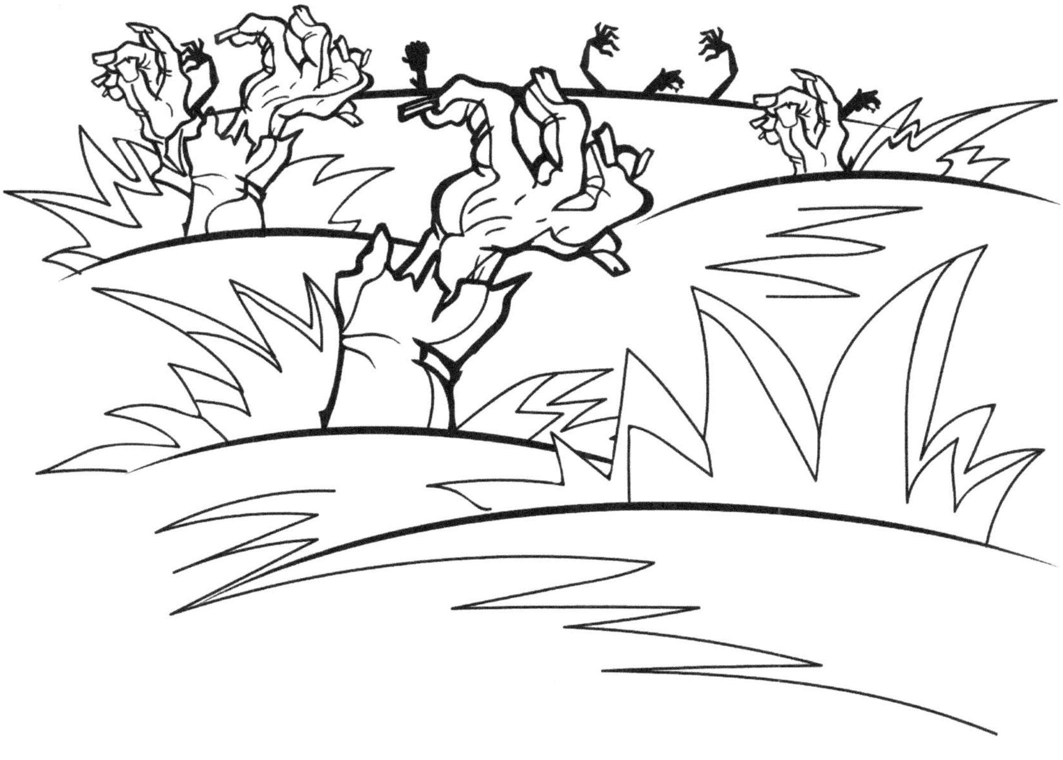

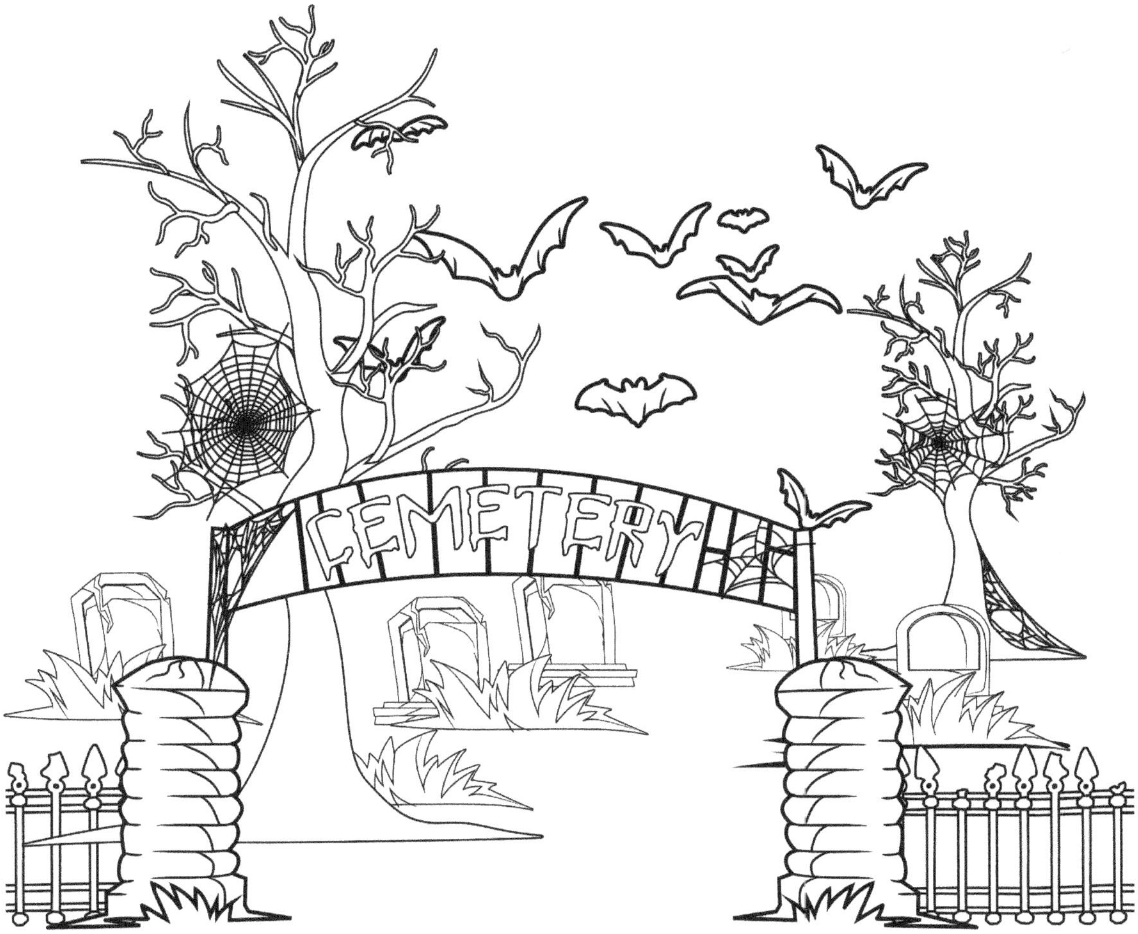
CEMETERY

www.ingramcontent.com/pod-product-compliance
Lightning Source LLC
Chambersburg PA
CBHW081657220526
45466CB00009B/2794
* 9 7 8 1 6 9 1 4 4 4 9 3 9 *